AF247861

20345

15 VENTOSE AN LXXIX DE LA RÉPUBLIQUE FRANÇAISE

(5 MARS 1871)

DIOGÈNE

SATIRE POPULAIRE

Je cherche un homme !

N° 1. — Prix : 5 centimes]

PARIS

DÉPOT PRINCIPAL CHEZ MADRE, LIBRAIRE

20, rue du Croissant.

Avis au Lecteur

Diogène a l'intention, si ce premier numéro est bien accueilli du public, d'en publier un second dans dix jours, et ainsi de suite jusqu'à ce qu'il arrive à paraître tous les cinq jours.

En attendant, comme il est trop pauvre pour ouvrir un bureau, il élit domicile, — non point dans un tonneau, ce qui n'est plus de notre époque, — mais dans la poche de tous les républicains.

Diogène étant aussi trop honnête pour promettre ce qu'il ne pourrait peut-être pas tenir, ne recevra point d'abonnements.

Le prix du numéro, fixé à 5 centimes, prouve également qu'il ne cherche pas à spéculer sur la fortune de ses lecteurs.

Nota. *Le douloureux événement qui a motivé le silence de la presse parisienne a retardé de quelques jours cette publication.*

Paris. — Typ. Rouge frères, Dunon et Fresné, rue du Four-Saint-Germain, 43.

AU PEUPLE

C'est pour toi que j'entreprends cette petite publication, et c'est à toi que je la dédie. Si mince qu'elle soit, elle peut avoir son importance, si tu la reconnais utile et si tu la prends sous ta protection.

Vétéran de ta grande cause, après avoir vainement attendu dans la presse démocratique un tour de parole qu'il est si difficile à un simple prolétaire d'y obtenir, je me décide à m'adresser à toi directement, persuadé que je serai compris.

Je profite pour cela du moment où, grâce à la République, nous possédons encore la liberté de la presse, c'est-à-dire le droit pour chacun de publier son opinion sans autorisation ni contrôle, sans timbre et sans cautionnement.

Je n'ai pas la sotte prétention de te donner des conseils ; j'ai seulement l'intention de t'éclairer sur tes droits, tes devoirs et tes intérêts.

Je veux aussi t'aider à connaître certains hommes dont le langage et l'hypocrisie pourraient encore te tromper, car tu es confiant et crédule comme tous les êtres forts.

J'apporte à ton service une longue expérience et beaucoup de sincérité. Je te parlerai donc librement, tantôt en prose, tantôt en vers, suivant la nature du sujet et l'inspiration du moment.

C'est pour cela que j'emprunte son nom et sa lanterne au philosophe Diogène, qui fut dans son temps célèbre par sa franchise. Tu pourras dès à présent juger de la mienne.

Les souverains de ce monde ont tous besoin de courtisans et de flatteurs, parce que leur pouvoir et leur fausse grandeur ne reposent que sur le mensonge ; mais toi, le peuple, qui es le seul souverain légitime, tu n'as besoin que de vrais amis, qui te disent la vérité. J'essaierai d'accomplir cette noble tâche, afin de mériter un si beau titre.

DIOGÈNE

SATIRE POPULAIRE

LES FAUX BONSHOMMES

Dans les jours assombris de notre âge moderne,
Je viens de Diogène allumer la lanterne,
Et sur plus d'un sujet qui doit nous être cher,
Aidé de sa lumière, essayer d'y voir clair.
Ce n'est sans doute pas une tâche facile;
Mais lorsqu'on entreprend quelque chose d'utile,
Il semble que l'on soit doublement excité
Par le noble aiguillon de la difficulté.

C'est au peuple surtout que mon œuvre s'adresse;
Car lui seul est à plaindre et lui seul m'intéresse.
Ce peuple, qu'on exploite et qu'on trompe toujours,
A besoin d'un ami qui lui porte secours,
Et qui, sans rien cacher de ce qu'il doit connaître,
Lui montre enfin comment on se passe de maître;

Car si jusqu'à ce jour, sous des noms différents,
Nous n'avons fait encor que changer de tyrans,
Il en faut accuser l'aveugle confiance
Qu'on accorde sans cesse, avec tant d'imprudence,
A des spéculateurs d'autant plus dangereux
Qu'ils arborent toujours un drapeau généreux.

Ces prétendus sauveurs, ces gens à double mine,
Qui nous ont apporté la honte et la famine
(La liste serait longue à les rappeler tous),
Nous ont assez fait voir qu'ils se moquaient de nous.
A croire leurs discours et l'ardeur de leur zèle,
Ils étaient de nos droits l'active sentinelle,
Et de la liberté le plus ferme soutien ;
Il semblait qu'auprès d'eux les autres n'étaient rien.
On s'est trop laissé prendre à la fausse grimace
De tous ces charlatans envieux d'une place :
Quiconque aime le peuple et prétend le servir
Cherche à le relever et non à l'asservir.

Ce sont ces beaux parleurs dont la vaine science
A fondu tout à coup devant l'expérience :

Toute leur éloquence et leur habileté
Est venue aboutir à la stérilité.
Septembre les a vus, de leurs mains incertaines,
Du char républicain oser saisir les rênes,
Sans savoir seulement s'ils sauraient les tenir
Jusqu'au bout du trajet qu'ils avaient à fournir.
Signalant au pouvoir leur néfaste passage,
Ils nous ont fait payer leur triste apprentissage,
Et nous devrons encor nous estimer heureux,
Si nous pouvons enfin nous débarrasser d'eux.

Oui, c'est à ces bavards, c'est à ces faux bonshommes
Que nous devons l'état pitoyable où nous sommes ;
Mais ne sommes-nous pas bien coupables aussi
De nous être par eux laissé berner ainsi ?
O mon pays que j'aime, il faut bien te le dire,
Abruti par l'Église, énervé par l'Empire,
Tu n'as plus ces vertus qui faisaient autrefois
L'espoir des nations et la terreur des rois !
On dirait que vingt ans d'impériale orgie
Ont éteint dans ton cœur toute mâle énergie,
Et de ton caractère abaissé le niveau :
Tu cesses d'être peuple et tu deviens troupeau !

Je ne veux intenter de procès à personne ;
Mais enfin, j'en appelle à tout ce qui raisonne,
Lorsque nul parmi nous ne marche ferme et droit,
Ma lanterne à la main, ne suis-je pas en droit
De venir, à l'instar du philosophe antique,
Chercher un *citoyen* dans notre République ?
Je n'en ai pas vu poindre, et je préviens chacun
Qu'il me fera plaisir, s'il peut m'en citer un.

Hélas ! quel est celui, dans notre fourmilière,
Dont le passé soit pur, dont la foi soit sincère ?
Et combien en est-il dont le masque trompeur
Ne cache que du vide à la place du cœur !
Les uns, machinateurs d'une secrète intrigue,
De quelque prétendant organisent la brigue ;
Les autres, sans pudeur dans leurs prétentions,
N'apportent leur concours que sous conditions.
Plus d'un, se dévouant avec surabondance,
Dans trois ou quatre emplois s'immole pour la France,
Trouvant que le cumul, qu'on dit être un abus,
A du bon pour celui qui palpe les écus ;
Et plus d'un, profitant des secrets qu'il évente,
S'en sert pour spéculer sur le cours de la rente ;

Prétextant qu'on n'a pas le temps de réfléchir
Sur le choix des moyens, quand on veut s'enrichir.

Je pourrais prolonger ces pénibles études,
Et dévoiler chez nous bien d'autres turpitudes ;
Mais à quoi servirait le spectacle affligeant
Qu'offrirait ce tableau sombre et décourageant ?
A l'aspect de ce monde ignoble et versatile,
Toute exhortation semblerait inutile ;
On désespérerait de la société,
Et l'on ne croirait plus qu'à la fatalité !

Cette corruption qui règne à la surface,
Et qui de nos cités s'étend de place en place,
Couvre peut-être un lit plus large que profond,
Et n'a peut-être pas pénétré jusqu'au fond ;
Mais en jetant les yeux sur le désordre immense
Où se gaspillent l'or et l'argent de la France ;
Sur cet état sans nom qu'on ne peut définir,
Sans instinct du présent, sans foi dans l'avenir,
Où l'on n'aperçoit point de lueur qui dirige,
Leregard effrayé se sent pris de vertige,

Et chacun se demande avec anxiété
Quel abîme est au fond de cette obscurité ?

Tel est l'abaissement de l'époque où nous sommes.
Et pourtant, si pour chefs nous avions eu des hommes,
On pouvait espérer, avec un peu d'effort,
Redevenir encor le peuple libre et fort,
Donnant comme jadis l'exemple salutaire
A tant de nations qui nous regardaient faire.
Nous levant tous en masse, un fusil à la main,
Nous aurions repoussé le barbare Germain,
Délivré notre sol de sa présence immonde,
Et conviant l'Europe à notre œuvre féconde,
Réalisé pour tous cette grande cité
Que depuis si longtemps rêve l'humanité,
Après avoir brisé d'une main fraternelle
Le joug avilissant qui pèse encor sur elle !

A ce noble avenir devons-nous renoncer ?
Nos désastres d'hier peuvent-ils effacer
Quinze siècles d'honneur, de progrès et de gloire ?
Non, la France n'a pas achevé son histoire ;

Son généreux essor, un moment arrêté,
Puisant plus de vigueur dans notre adversité,
Chassera devant lui toute odieuse entrave,
Et reprendra son cours majestueux et grave.
Comme un astre voilé par un nuage impur,
Son nom reparaîtra plus brillant dans l'azur,
Pour rayonner encor sur l'Europe moderne !

Ce jour-là, Diogène éteindra sa lanterne.

TABLETTES

—

LE DÉBORDEMENT DU TIBRE

Le voyant tout à coup grossir et déborder,
        Rome inquiète dit au Tibre :
« O mon vieux compagnon, veux-tu donc m'inonder?
— Oui, lui répond le fleuve ; afin que tu sois libre,
Du bourbier clérical je viens te délivrer. »

LA LISTE DU *MOT D'ORDRE*

Quand Rochefort parut autrefois à la Chambre,
Il y fut accueilli comme un épouvantail
     Par les complices de Décembre.
Qui seul le défendit? Ce fut le vieux Raspail.
Cependant Rochefort dans sa ligne persiste,
Donnant aux électeurs le *mot d'ordre* et le pas :
Hier, son propre nom figurait sur sa liste ;
     Mais, chose singulière et triste,
Celui du vieux Raspail seul ne s'y trouvait pas.

THIERS PRÉSIDENT

Après un terrible revers,
Notre pauvre France égarée,
D'un Thiers endosse la livrée.
Cela nous met l'âme à l'envers ;
Car de la voir livrée à Thiers,
C'est bien la voir au tiers livrée !

Victor Barbier.